Aspetos Processuais da Responsabilidade Penal dos Entes Coletivos:

Da (In)Aplicabilidade das Medidas de Coação e de Garantia Patrimonial

Colecção Direito, Dissertações, Teses e Comentários

Tiago Campelo

Agradecimentos

À Professora Helena Morão, cuja opinião prezo bastante e me convenceu a inscrever no Mestrado de Direito Penal. À Sofia, por toda a força que me deu. À Anastasyia Myrna, que adorou o tema e cuja discussão suscitou este livro.

ÍNDICE

Introdução

A criminalidade empresarial é uma realidade e deve ser compreendida no quadro de uma atuação por parte de uma estrutura organizativa, personalizada por si só, distinta da dos seus representantes. Todavia, nem sempre tal distinção é tarefa fácil, devido à dificuldade que por vezes pode surgir na determinação dos verdadeiros agentes. Ainda assim, interessa-nos estudar a atividade e o comportamento criminal da própria entidade coletiva e a resposta que o sistema penal prevê para essas situações, considerada a admissibilidade e necessidade de responsabilização de entes coletivos.

Em causa está conhecido princípio *societas delinquere non potest*, nos termos do qual não é admissível a punibilidade penal dos entes coletivos, apenas se lhes aplicando uma responsabilidade administrativa ou civil. Afastar-nos-emos deste corolário para elaboração deste estudo, na medida em que consideramos uma exigência da máxima da justiça a sujeição daqueles entes às malhas da penalidade.

A responsabilidade penal dos entes coletivos é matéria de especial complexidade dentro do sistema jurídico-penal, nomeadamente no que diz respeito às penas que lhe são aplicáveis em momento de condenação e às medidas de coação que lhe são impostas num momento anterior. É precisamente sobre esta ultima temática, a compatibilidade de aplicação das medidas de coação aos entes coletivos, que nos debruçaremos. Focamo-nos, pois, na importância da estrutura organizativa na execução do "facto criminoso" e como lhe reagir em momento anterior à da eventual condenação.

Ainda que reconheçamos a pertinência de fontes de Direito provindas da União Europeia para a conformação do regime penal de responsabilização dos entes coletivos, nomeadamente decisões-quadro em matéria criminal, o presente trabalho apresenta enfoque apenas na atual estrutura do sistema jurídico português e das medidas que aí se consagram, procedendo-se a uma análise casuística de cada medida de coação prevista. De referir que não iremos abordar questões, procedimentos e requisitos de aplicação destas medidas, mas apenas aferir a sua compatibilidade com a natureza coletiva.

Atenta a diversidade de medidas de coação e as diferentes caraterísticas que lhes são inerentes, por uma questão metodológica, optámos por dividi-las ente as que considerámos compatíveis com a natureza coletiva e as que se demonstram incompatíveis, argumentando a razão desta (in)compatibilidade.

CAPÍTULO I – DA RESPONSABILIDADE PENAL DOS ENTES COLETIVOS

1. Sistemática: Constituição da Republica Portuguesa e Código de Processo Penal

Atenta a gravidade subjacente à aplicação destas medidas e as consequências que implicam para a posição do(s) arguido(s), no caso, para os entes coletivos, para além da regulação prevista nos Códigos Penal e de Processo Penal, a Constituição da República Portuguesa surge como fonte-base para a regulação desta matéria. De facto, o texto constitucional dedica alguns dos seus preceitos a regular os termos da aplicação da lei criminal, essencialmente através da previsão de princípios constitucionais que devem nortear a sua efetivação.

Desde logo, resulta do art. 12º, nº2 CRP o denominado princípio da universalidade, nos termos qual as pessoas coletivas são, paralelamente às pessoas singulares, sujeitos de direito e, nessa qualidade, "gozam de direitos e estão sujeitos a deveres". No entanto, devido à diferente natureza que lhes é inerente, haverá que analisar e interpretar quais daqueles são "compatíveis" com a natureza coletiva e aplica-los de forma adaptada. Posto isto, as medidas de coação e garantia patrimonial haverão de sofrer esta adaptação para que a finalidade por estas visada se coadune com o carater coletivo.

O art. 29º, a CRP consagra um conjunto de regras-base, estabelecendo o nº1 que "ninguém pode (…) sofrer medidas de segurança cujos pressupostos não estejam fixados em lei anterior". Ora, facilmente se identifica a intenção de se atribuir dignidade constitucional ao princípio da legalidade, reforçando o disposto no art. 191º CPC onde pode ler-se que não poderão decidir-se medidas de coação ou garantia patrimonial que não estejam tipificadas e que a aplicação destas deverá visar as finalidades cautelares para que foram concebidas. De resto, só com o respeito pelos corolários deste princípio se observará aqueloutro que é o do Estado de Direito Democrático, previsto no art. 2º CRP.

Além disto, surgem também relevantes os princípios da necessidade, adequação e proporcionalidade, consagrado no art. 18°, n°2 CRP. Por força do imperativo constitucional, a aplicação destas medidas deve ser a necessária à tutela de outros direitos fundamentais[1], numa lógica de proporcionalidade. É esta orientação registada no art. 193° CPP, onde se materializam tais princípios.

Em termos meramente processuais, o regime legal das medidas de coação e de garantia patrimonial, que consta sistematicamente do Livro IV do CPP, cabe apenas referir que, nos termos do art. 192°, n°1 CPP, a aplicação destas depende da prévia constituição como arguido.

2. Discussão em torno do art. 11° do Código Penal

O regime da responsabilidade criminal de entes coletivos, fortemente influenciado pelo Direito Europeu[2], apresenta, no sistema jurídico-penal português, previsão no art. 11° do CP. Do n°1 deste preceito resulta, salvo exceções, a limitação da responsabilidade criminal às pessoas singulares, aí manifestando a consagração do princípio da individualização. No entanto, o seu n°2 esclarece que determinadas entidades coletivas podem ser alvo de responsabilização penal relativamente aos tipos de crime aí indicados[3] e dependendo sempre de os atos típicos terem sido praticados, como previsto nas respetivas alíneas, em duas situações: a) em nome e no interesse coletivo por pessoas que

---

[1] *Vide*, a respeito, JORGE MIRANDA e RUI MEDEIROS, *Constituição da República Portuguesa Anotada*, Tomo I, Coimbra Editora, Coimbra, 2005, págs. 326 e ss.

[2] Colhendo os contributos de TERESA SERRA e PEDDRO FERNÁNDEZ SÁNCHES, note-se que os instrumentos jurídicos comunitários limitam-se a impor a responsabilização dos entes coletivos, não especificando, contudo, se esta deverá operar em termos de responsabilidade penal ou contra-ordenacional, em *A Exclusão de Responsabilidade Criminal das Entidades Públicas – Da Inconstitucionalidade dos n°s 2 e 3 do art. 11° do Código Penal*, in *Estudos em Homenagem ao Prof. Doutor Sérvulo Correia*, Vol. IV, Coimbra Editora, Setembro 2010, págs. 65-66. Para aprofundamento da temática da distinção entre crimes e contra-ordenações *vide*, entre outras, a obra de FIGUEIREDO DIAS, *Temas Básicos da Doutrina Penal*, Coimbra Editora, Coimbra, 2001, págs. 144-152.

[3] Pese embora não seja esta questão central em discussão neste nosso trabalho, apresentamos o ponto de partida das dúvidas que têm surgido a respeito dos crimes indicados. Abordando a temática, FREDERICO COSTA PINTO, *A Responsabilidade Criminal das Pessoas Coletivas*, in *Jornal Tribuna*, n° 24, 2009, pág. 19, questiona, nomeadamente, o motivo pelo qual as pessoas coletivas podem ser responsabilizadas criminalmente pela prática de burla, mas não pelo crime de infidelidade patrimonial (art. 224° CP), ou, inclusive, por que razão as pessoas coletivas podem responder pelo crime de falsificação de documentos, mas não pelo crime de danificação, ocultação ou dissimulação de documentos (art. 259° CP).

nelas ocupem uma posição de liderança e b) por quem aja sob a autoridade (...) em virtude de uma violação dos deveres de vigilância ou controlo que lhes incumbem.

No entendimento de FIGUEIREDO DIAS, o art. 11º CP deve ser compreendido como uma opção do legislador, em consequência da consideração dos entes coletivos como "capazes de ação e de culpa jurídico-penal, portanto criminalmente responsáveis"[4].

Nestes termos, há que entender-se que o desvalor associado à atuação do ente coletivo que integre um dos tipos de crime (indicados no preceito) em que se enquadram atos de pessoas singulares deve também ser considerado/valorado pelo Direito Penal. Em suma, resulta da interpretação do art. 11º, nºs 1 e 2 que se uma conduta é tipificada como crime para as pessoas singulares, dever-se-á atribuir o mesmo desvalor à conduta que se considere ter sido praticada pela entidade coletiva. É, pois, de concluir que a regra constante do nº1 do art. 11º apresenta um cariz supletivo, isto é, a sua aplicação está condicionada pelo não preenchimento da previsão do nº2 do preceito ou de outra disposição especialmente prevista na lei. Nessa circunstância, o aquele princípio será afastado, não havendo responsabilização da pessoa singular, mas antes do próprio ente coletiva ou, inclusive, responsabilidade cumulativa entre ambos.

3. Compatibilidade dos critérios de aplicação das medidas de coação com a natureza jurídica das pessoas coletivas

A análise da compatibilidade dos critérios de aplicação das medidas de coação e garantia patrimonial relativamente aos entes coletivos é o ponto principal do trabalho. Com isso, o que pretendemos é analisar as diferentes medidas existentes no CPP e aferir se o seu modo de funcionamento, finalidades e eficácia se coadunam com a aplicação à natureza própria dos entes coletivos.

Pensadas numa lógica de aplicabilidade às pessoas coletivas, paulatinamente se fez sentir a necessidade de equacionar a aplicação das medidas coativas e de garantia patrimonial

---

[4] FIGUEIREDO DIAS, *Direito Penal Tomo I – Questões fundamentais, A Doutrina Geral do Crime,* 2ª Edição, Coimbra Editora, Coimbra, 2007, págs. 298 e ss.

também às pessoas coletivas. Acontece que atenta a diferente natureza dos entes em questão, se tem vindo a discutir em que medida e em que termos a sua aplicação é possível relativamente a entes coletivos. É nesse seguimento que tratamos de apresentar, para cada medida prevista no CPP, os argumentos de maior preponderância na justificação da sua (in)aplicabilidade à lógica coletiva.

CAPÍTULO II – MEDIDAS DE COAÇÃO E GARANTIA PATRIMONIAL INAPLICÁVEIS AOS ENTES COLETIVOS

1. Obrigação de apresentação periódica

É no art. 198º CPP que figura a medida de coação de apresentação periódica perante órgãos de autoridade, associada a imperativos de colaboração com a justiça por parte do arguido, de modo a não colocar em causa a prossecução regular do processo. Como fomos esclarecendo, parte considerável das adstrições a que o ente coletivo se encontra obrigado pelo facto de ter sido constituído arguido são desempenhadas pelo seu representante. No caso medida de coação em apreço, a consideração da sua literalidade teria como consequência prática que, em razão da impossibilidade de natureza, não podendo o ente proceder às deslocações necessárias, teria o seu representante de as realizar em sua representação. Será esta situação admissível?

Na opinião de REIS BRAVO, estamos diante de uma medida de coação que pertence ao leque de medidas naturalmente orientadas para aplicação às pessoas humanas, não se compatibilizando com a natureza jurídica dos entes coletivos[5].

Na mesma orientação, PATRÍCIA DA SILVA ALVES, concorda que tal medida é inaplicável à pessoa coletiva arguida, não só por a sua execução implicar uma restrição da "liberdade ambulatória" que o ente coletivo, pela sua natureza, não possui, mas também por ser inadmissível impor ao seu representante uma restrição dessa mesma liberdade, sem que o facto típico penal não lhe seja pessoalmente imputável[6]. Continua referindo que levar a cabo a aplicação da medida atentaria, por meio do representante legal, contra liberdade pessoal deste, colocando em causa os limites constitucionais da restrição de direitos, salvaguardados pelos art. 18º e 26.º CRP. Para a Autora, os critérios de necessidade, adequação e proporcionalidade não se encontram preenchidos, circunstância que determina a não possibilidade de aplicação desta medida aos entes coletivos na pessoa do seu representante.

---

[5] JORGE DOS REIS BRAVO, *Incidências Processuais na Punibilidade dos Entes Coletivos*, in *Revista do Ministério Público*, 105, Ano 27, 2006, pág. 92.
[6] PATRÍCIA DA SILVA ALVES, *Aplicação das Medidas de Coação às Pessoas Coletivas*, Tese de Mestrado, 2013, págs. 89 e ss.

Sobre a questão, NUNO CASTRO LUIS alerta para que, pretendendo-se criar uma medida com as finalidades associadas à apresentação periódica para os entes coletivos, esta teria de ser adaptada à sua própria natureza, sendo que a letra da norma nada teria que ver com a atual previsão do art. 198.º CPP[7].

Numa tentativa de dar resposta ao "desafio" daquele Autor, PATRÍCIA DA SILVA ALVES avança com uma construção de *iuris constituendo*, sugerindo que a norma destinada aos entes coletivos visasse, nomeadamente, uma "apresentação periódica de elementos da vida empresarial que garantisse a continuidade da colaboração com a justiça"[8]. No entanto, contando com o normativo como previsto, a intenção de aplicar-se da forma sugerida redundaria numa interpretação que extravasa os limites do mínimo de correspondência literal e, portanto, não pode ser aceitável, por violação do princípio da legalidade.

Entram também em jogo considerações na ordem do princípio da adequação, que impõe que a aplicação da medida de coação seja adequada a prosseguir as finalidades para que fora prevista e que seja idónea para acautelar as necessidades do processo. Pelas razões indicadas, nos termos da sua atual previsão, a medida não cumpre este critério.

Em suma, a possibilidade de aplicação da medida de coação de obrigação de apresentação periódica aos entes coletivos não pode ser aceite, desde logo porque as suas aplicações com as adaptações exigidas pela natureza coletiva resultariam na privação da liberdade do seu representante em moldes incomportáveis e ainda porque a solução normativa que cumpriria as finalidades desta medida quando está em causa um ente coletivo colide com os corolários do princípio da legalidade.

---

[7] NUNO CASTRO LUÍS, *Implicações Processuais Penais da Responsabilidade das Pessoas Coletiva, in POLITEIA*, Ano II, nº2, Instituto Superior de Ciências Policiais e Segurança Interna, Lisboa, 2006,, p. 90
[8] PATRÍCIA ALVES, *op. cit.*, pág. 92.

2. Medidas de caráter detentivo

Mais gravosa medida de coação, por força do seu caráter privativo da liberdade e detenção em espaço prisional, a prisão preventiva surge prevista no art. 202° CPP, surgindo de seguida a medida de obrigação de permanência na habitação, com previsão no art. 201° CP. Uma vez que a ambas está subjacente uma vertente física de privação espácio-temporal, as considerações tecidas servem para análise da (in)admissibilidade de aplicação das duas medidas aos entes coletivos.

Atento o disposto no art. 90°-A, n°1 CP, as pessoas coletivas condenadas apenas poderão sofrer pena correspondente a multa ou dissolução. Ora, a razão de ser desta consagração redunda no facto de apenas estas penas poderem ser plenamente aplicáveis aos entes coletivos, sem qualquer necessidade de adaptação. Aliás, a dissolução, absolutamente apropriada à natureza jurídica, é pena exclusiva para estes. Aplicando o mesmo raciocínio relativamente às medidas de coação, à partida, estas dever-lhes-iam ser equivalentes. No entanto, ainda que seja possível um esforço de adaptação de algumas medidas, as de caráter detentivo não se coadunam com a natureza coletiva.

Especificamente sobre a obrigação de permanência na habitação, cabe referir que a sua aplicação às pessoas coletivas pressuporia uma equivalência entre residência das pessoas singulares e sede das pessoas coletivas. Ora, face a estas últimas, a possibilidade de se ausentar é incompatível, com a natureza do ente coletivo, porquanto implicaria uma deslocação do local da sede ou direção efetiva da empresa

No que concerne à prisão preventiva, a inaplicabilidade aos entes coletivos é por demais evidente, resultando nitidamente de razões de impossibilidade física. Esta conclusão é óbvia quando nos questionarmos: como prender uma empresa? E note-se que aqui o crime que desencadeou aplicação da medida de coação é imputável ao ente coletivo.

CAPÍTULO III – APLICABILIDADE DE MEDIDAS DE COAÇÃO E GARANTIA PATRIMONIAL DOS ENTES COLETIVOS

1. Termo de identidade e residência

Reconhecida a graduação, da mais leve para a mais grave, na apresentação das medidas de coação ao longo do CPP, surge em primeiro lugar, por ser a menos gravosa, no art. 196° CPP, o Termo de Identidade e Residência (TIR)[8], medida aplicável a "todo aquele que for constituído arguido". Apesar da aparente simplicidade, esta medida[9] é geradora de complexas querelas aquando da aplicação ao ente coletivo.

A pergunta de base é a seguinte: é o TIR, como configurado, aplicável aos entes coletivos? Parece resultar do art. 11° CP a possibilidade de as pessoas coletivas serem constituídas arguidas em determinados casos, mas a doutrina divide-se ao dar resposta à questão que colocamos.

Para a maioria da doutrina, não subsistem razões atendíveis que obstem à aplicabilidade do TIR à entidade coletiva. Na esteira dessa defesa, é invocada a obrigatoriedade de aplicação da medida a todo o que seja constituído arguido, sob pena de nulidade nos termos do art. 120°, n°2, d) CPP[10], salientado, note-se, não ter esta carácter privativo da

---

[8] Aplicável a todos os casos desde a constituição de arguido, têm, todavia, surgido divergências quanto às entidades competentes para aplicação do TIR. Discutível ainda é se esta atribuição de competência para aplicar TIR aos OPC, não configura um caso de inconstitucionalidade, por violação do art. 32°, n°4 da CRP. No entendimento do PATRÍCIA SILVA ALVES, *op. cit.,*, pág. 76, tal medida pode ser aplicada por

[9] Sublinhe-se, desde já, que a sua própria natureza como medida coativa foi colocada em causa por parte da doutrina, girando a discussão em torno de saber se está em causa um uma verdadeira medida de coação ou antes uma medida administrativa. Por parte de quem sustenta tratar-se de uma medida administrativa, o argumento comum reside na sua consideração como uma obrigação ou dever resultante da constituição de arguido por si só (por força do art. 196°, n°1 e da "automatização" prevista no art. 58°, ambos do CPP), fundamentando tal orientação na obrigatoriedade da aplicação do TIR a "todo aquele que for constituído arguido", reforçando o entendimento com o facto da medida poder ser aplicada por autoridade judiciária ou por OPC, de modo distinto do que sucede com as demais medidas de coação que devem ser aplicadas pela figura do juiz mediante proposta do MP. Diversamente, a corrente contrária defende que o TIR tem a natureza de uma verdadeira medida de coação, sustentando-se na sua inserção sistemática no CPP, bem como na sua relevância em termos de notificações ao arguido e consequente garantia da regularidade do andamento do processo. É também aduzido argumento de que o facto de poder ser aplicado por qualquer autoridade judiciária ou OPC não implica que o TIR deixe de ser considerado medida de coação.

[10] Partilham expressamente dessa opinião, entre outros, CARLOS ADÉRITO TEIXEIRA, A Pessoa Coletiva como Sujeito Processual, *in Revista do CEJ, n°8, 2008,* pp. 159-160; e INÊS FERNANDES qualquer autoridade judiciária ou OPC, o que nos leva a concluir, apesar de a Autora não o expressar claramente, que não vislumbra problemas de constitucionalidade. Contrariamente, FERNANDO

liberdade. Para além disso, argumenta que a aplicação de TIR se prende com razões de necessidade de contacto entre os sujeitos processuais e celeridade processual, motivos que justificam a sujeição ao regime do TIR das pessoas coletivas constituídas arguidas. É de resto esta opinião frequentemente na jurisprudência. Veja-se, a título de exemplo e explicando o seu modo de funcionamento, o Acórdão[11] do TRP, onde pode ler-se que "as sociedades arguidas num processo devem prestar termo de identidade e residência nessa qualidade, não podendo considerar-se que esse termo é implicitamente prestado quando os legais representantes dessas sociedades, que são também arguidos no processo, prestam esse termo a título pessoal".

Em suma, não vislumbramos motivos que impeçam a aplicação de TIR aos entes coletivos, antes pelo contrário, pelo que concluímos, a par tanto da doutrina maioritária quanto da jurisprudência, pela aceitação da aplicação de TIR aos entes coletivos, apresentando argumentos idênticos aos que são apontados relativamente às pessoas singulares, nomeadamente a necessidade de contacto e comunicação entre as autoridades e o arguido. Argumento que consideramos de enorme importância é o da aplicação de, a um ente coletivo, com a finalidade de obstar a que este altere a sua sede ou local onde funciona a administração (manipulação que o poderá tornar residente noutro Estado) e, dessa forma, evitar a deslocação para fora da jurisdição portuguesa sem comunicação às autoridades, para onde poderá tornar-se impraticável a comunicação.

GONÇALVES e MANUEL JOÃO ALVES, *As Medidas de Coação no Processo Penal Português*, Edições Almedina, Coimbra, 2011, pág. 82 são Autores que suscitam a dúvida sobre se a atribuição de competência aos OPCs é constitucional, nomeadamente por o art. 32º CRP impedir a prática de atos instrutórios que se prendam diretamente com os direitos fundamentais por entidade diferente do juiz. Em nossa opinião, é a dúvida fundada, explicamos porquê. Podendo o juiz delegar, nos termos do art. 32º, nº4 CRP, julgamos que a delegação, a ocorrer, apenas poderá operar casuisticamente, sempre com a necessária e prévia intervenção de um juiz e não com uma imediata aplicação de medida por parte dos OPCs, sob pena de inconstitucionalidade.
GODINHO, Pessoas Coletivas e Processo Penal: Alguns apontamentos de uma tentativa impossível», *in* *GALILEU,* Revista de Economia e Direito, Vo. XII, nº2, 2007/XIII, n.º1, 2008, p.70 e ssg.
[11] Acórdão do Tribunal da Relação do Porto, Processo nº 35/13.3IDPRT-A.P1, Pedro Vaz Pato (RELATOR), de 04-06-2014.

Ainda assim, a sua aplicação a entes coletivos acarreta obstáculos que devemos considerar, uma vez que a simples interpretação literal da norma do art. 196º CPP não permite ultrapassá-los. Concordamos que só com uma interpretação extensiva, adaptada às especificidades de uma estrutura plural, será possível conciliar o TIR com a natureza coletiva. Vejamos alguns dos problemas de aplicação desta medida.

Em primeiro lugar, temos de compreender que, quando aplicado a um ente coletivo, este deve indicar os elementos essenciais para a sua correta identificação. Sendo variáveis os que a doutrina vem considerando necessários, os comummente referidos são a identificação social (nome com que está registada), a identificação do legal representante e a indicação da localização sede ou local onde se encontra a administração[12]. Em sequência do que foi dito supra, as obrigações decorrentes da prestação do termo traduzem-se ainda na obrigação de não mudar a sede ou local onde funciona a administração sem comunicar ao Tribunal a nova sede ou local, bem como na obrigação de indicação de qualquer mudança do legal representante.

Em segundo, surgem dificuldades quanto à obrigação de comparência prevista na alínea a) do nº3 do art. 196º CPP. Na impossibilidade de comparecer o próprio ente coletivo, por razões de "natureza das coisas", pode esta exigência ser suprida pelo representante legal daquele através do sistema de representação. Assim, a obrigação será cumprida na pessoa do representante, pelo que a medida é-lhe, na prática, dirigida, que assumirá as obrigações decorrentes ao TIR em nome do ente coletivo. Não significa isto, sublinhe-se, que o representante fique pessoalmente obrigado, nem o poderia uma vez que não é o arguido, mas tão-somente em nome do ente. É esta orientação confirmada pelo Acórdão[13] do TRP, aí esclarecendo que "não podem, porém, ser aplicadas ao legal representante da sociedade arguida, que nessa qualidade subscreve o TIR, as obrigações inerentes ao TIR". Note-se, no entanto, que este entendimento não é unanime. CARLOS

---

[12] Vide, at al., PAULO PINTO DE ALBUQUERQUE, *Comentário do Código de Processo Penal*, 2ª Edição atualizada, Universidade Católica Editora, Lisboa, 2007 (anotação/comentário ao art. 196º do CPP). No caso de se tratarem de sociedades comerciais, serão exigidos os elementos necessários para os atos externos das mesmas, nomeadamente, o tipo, a firma, o objeto, a sede, o capital social, etc. Quanto não seja entidade comercial, os elementos necessários hão-de ser adaptados, não se prescindindo, por maioria de razão, daqueles elementos essenciais à sua identificação.

[13] Acórdão do Tribunal da Relação do Porto, Processo n.º 1223/07.7TAVCD-A.P1, Ernesto Nascimento (RELATOR), de 10.11.2010.

ADÉRITO TEIXEIRA considera que esta obrigação possa mesmo ser diretamente aplicável à pessoa coletiva[14].

Como terceira problemática surge a proibição de mudança de residência e de ausência desta por mais de 5 dias, situação prevista na alínea b) do nº3 do art. 196º CPP e fortemente marcada por um pensamento singularista. Como se compreende, o impacto da limitação da liberdade de circulação entre pessoa singular e ente coletivo é bastante diferente, colidindo, no limite, com o direito fundamental à liberdade daquela. Apelando à interpretação extensiva, reporta-se aqui residência à sede do ente coletivo que, por razões económicas e de gestão ou estratégias de mercado, poderá ter necessidade de deslocar a sua sede sem que a impossibilidade de o fazer afronte a sua liberdade de estabelecimento e lhe traga prejuízos.

De facto, apesar de a alteração de sede não traduzir os mesmos efeitos que uma mudança de residência individual, acarreta deslocação dos fundos e do património do ente coletivo que poderão frustrar a tramitação processual. De resto, poderá estar essa modificação estar associada a um perigo de fuga, requisito preponderante à luz do art. 204º CPP. Desta feita, cremos que os casos de possibilidade de alteração devem ser ponderados casuisticamente e sem descurar a obrigatoriedade de comunicação da nova localização para efeitos processuais.

Em quarto lugar, surge na alínea d) do nº3 do art. 196º CPP a legitimação da representação do arguido por defensor e a realização de audiência de julgamento na ausência daquele, nos termos do art. 333º CPP. Ora, a presença do arguido coletivo nos atos processuais é concretizada mediante a pessoa do seu representante legal. O problema aqui coloca-se no caso de tal representante, ainda que devidamente notificado, não comparecer, situação em que é possível realizar-se a audiência com a presença apenas do respetivo defensor.

Em conclusão, apesar das apontadas dificuldades, é admissível a aplicabilidade do TIR como atualmente configurado aos entes coletivos, mediante a utilização da preciosa ferramenta que é a interpretação extensiva associada a algumas adaptações

---

[14] CARLOS ADÉRITO TEIXEIRA, *op. cit.*, pág. 160.

requeridas pela natureza da entidade em causa, mas com a preocupação eminente de não se descurar o mínimo de correspondência com a letra e teleologia das normas do art. 196º CPP.

2. Caução

Prevista no art. 197º CPP, a caução carateriza-se como uma medida de garantia patrimonial imposta ao arguido com o fim de garantir o cumprimento dos seus deveres processuais. Dispõe adicionalmente o art. 208º CPP que, em caso de incumprimento de tais deveres, o valor da caução reverte a favor do Estado.

Nas anotações de PAULO PINTO DE ALBUQUERQUE, a prestação de caução impele sobre o arguido um conjunto de obrigações, a saber: a colocação de uma quantia à ordem do processo, por meio de depósito, penhor, hipoteca, fiança bancária ou fiança; o comparecimento perante autoridade competente ou a manutenção à disposição desta sempre que existe obrigação legal ou quando para tal for devidamente notificado; a não perturbação do decurso do processo, nomeadamente em matéria de prova, e, ainda, obrigação que consideramos fundamental, a não continuação da atividade criminosa ou a perturbação grave da paz pública[15].

Considerada a funcionalidade da caução e as obrigações que da sua prestação decorrem, ainda que necessário seja o recurso à interpretação extensiva do preceito, não ressaltam motivos que obstem à sua aplicação aos entes coletivos. De resto, a doutrina tende a considera-la como a medida que melhor se coaduna com a natureza jurídica dos entes coletivos[16].

No entanto, há também doutrina que se insurge contra a aplicabilidade da medida aos entes coletivos. Para PAULO PINTO DE ALBUQUERQUE a caução não pode ser aplicada ao ente coletivo arguido, uma vez que as obrigações dela decorrentes apenas

---

[15] PAULO PINTO DE ALBUQUERQUE, *op.cit.,* anotação/comentário ao art. 197º do CPP.
[16] Lembra NUNO CASTRO LUÍS, *op. cit.*, pág. 88-90, que, por exemplo, o caso de insolvência poderá frustrar o cumprimento desta medida.

têm razão de ser no âmbito da natureza de uma pessoa singular, esclarecendo que no seu entendimento não faz sentido a imposição do dever de não se ausentar[17].

Argumento de oposição também aduzido reside no facto de a parte inicial do nº1 do art. 197º CPP prever, como condição de aplicação, que o crime imputado ao arguido seja punido com pena de prisão. Aqui reside complexa questão, merecedora de cuidados especiais. Na responsabilidade criminal de entes coletivos há-de começar-se pela apreciação do tipo de crime de entre os crimes que figuram no art. 11º, nº2 CP para, consequentemente, se determinar a concreta medida/modalidade de pena. Assim, a previsão do art. 197º CPP, funcionando *a priori*, deve ser apreciada enquanto moldura penal abstrata. Aliás, para a aplicação das medidas de coação, não poderá deixar de terse em conta o modelo de equipação do art. 90º-B CP.

Considerando os crimes compreendidos no leque do art. 11º, nº2 CP e o pretendido acautelado em concreto no processo com a sujeição a prestação de caução e a consequente limitação da liberdade patrimonial do ente, PATRÍCIA DA SILVA ALVES sugere que em alternativa seja preferível a aplicação da medida de garantia patrimonial de caução económica, prevista no art. 227º CPP, avançando dois motivos: por um lado, serão alcançados os mesmos efeitos do que com a caução do art. 197º do CPP e, por outro, com a aplicação da caução económica não se corre o perigo de não estarem reunidos todos os seus requisitos[19].

Pelo exposto, atentas as finalidades almejadas pela aplicação de caução enquanto medida coativa e a sua articulação com a natureza própria dos entes coletivos, somos da opinião de que pode aplicar-se aos entes coletivos.

---

[17] PAULO PINTO DE ALBUQUERQUE, *op. cit.,* anotação/comentário ao art. 197º do CPP.
[19] PATRÍCIA ALVES, *op. cit.,* pág. 89.

3. Suspensão do exercício de função, de atividade e de direitos

A epígrafe do art. 199º CPP prevê como medida de coação a suspensão do exercício de profissão, de função, de atividade e de direitos, resultando do nº1 da sua estatuição, taxativamente, a suspensão de a) profissão, função ou atividade, pública ou privada e, b) a suspensão do poder paternal, da tutela, da curatela, da administração de bens ou da emissão de títulos de crédito. É explícito no preceito que a aplicação da medida está dependente do facto de o crime imputado ao arguido ser punível com pena de prisão de máximo superior a 2 anos. Quanto a este requisito, cabe esclarecer que se manifesta como uma moldura penal a ser considerada em abstrato, sendo que há que recorrer-se ao disposto no art. 90º-B CP quando o arguido no processo seja um ente coletivo. Para além disso, a aplicabilidade da norma está ainda condicionada pela previsibilidade de que venha a ser decretada a interdição do exercício das posições mencionadas. Vejamos em que moldes a aplicação da medida de coação é compatível com a natureza coletiva.

No que aos entes coletivos diz respeito, PAULO PINTO DE ALBUQUERQUE entende que apenas é possível falar-se na suspensão do exercício da atividade (pública ou privada), da administração de bens ou da emissão de títulos de crédito, uma vez que são as situações compatíveis com a sua natureza jurídica, pensamento que é partilhado também por REIS BRAVO, defendendo a aplicação direta da medida aos entes coletivos nesses casos[18].

Por seu turno PATRÍCIA DOS SANTOS ALVES, alerta para o facto de a aplicação da medida a entes coletivos ter de operar de forma mais exigente comparativamente à que funcionada com os arguidos singulares. Entende que relativamente aos entes coletivos, a suspensão do exercício de atividades, funções ou direitos constitui a que considera ser a medida mais gravosa que lhes pode ser aplicada, na medida em que impede a "existência material e funcional" daqueles[19]. Acrescenta ainda que a aplicação da medida poderá acarretar consequências nefastas, tais como

---

[18] PAULO PINTO DE ALBUQUERQUE, *op. cit.*,/comentário ao art. 199º do CPP e JORGE REIS BRAVO, *op. cit.*, pág. 94.
[19] PATRÍCIA ALVES, op. cit., págs. 95-96.

afetar os trabalhadores, prejuízos no volume de negócios ou conduzir a uma situação de insolvência ou dissolução.

Neste caso, poderão frustrar-se as finalidades do processo, uma vez que poderá ocorrer que quando em sede de condenação seja aplicada ao ente coletivo pena de multa ou de dissolução, a inatividade resultante da medida de coação aplicada impedirá o cumprimento da pena aplicada. A esse propósito, entende NUNO CASTRO LUIS que a medida aplicada pode equiparar-se aos efeitos da dissolução enquanto sanção[20].

Tentando dissipar os efeitos negativos que a aplicação da medida possa trazer para o ente coletivo, a melhor solução configurável passa por, nos casos em que culmina na sua inutilidade, decretá-la apenas quando seja fortemente previsível que a pena aplicada será a de dissolução ou de interdição de exercício, previstas, respetivamente, nos arts. 90º-F e 90º-J CP[21]. Assim, a sua aplicação deveria considerar o resultado futuro de aplicação de pena acessória de interdição de atividade, remetendo REIS BRAVO a questão, relativamente a crimes tributários, para o disposto no art. 16º RGIT[22].

Dessa remissão parece resultar um novo entendimento, nos termos do qual pese embora a diferente natureza entre medidas de coação e penas acessórias, poderá o RGIT servir de base para a interpretação da medida aplicável ao ente coletivo, em razão das finalidades comuns que prosseguem[23]. No entanto, é imperioso não olvidar que apesar dessa comunhão, as medidas de coação não podem ser confundidas com penas, devendo manter sempre subjacente a sua função preventiva e não punitiva.

É a própria Procuradoria-Geral da República que divulga a aplicação da medida de suspensão de atividade para prevenir a continuidade de atividades criminosas, relatando a forma como se efetiva. Em concreto, reporta-se à atuação do MP na aplicação de medida ordenada pelo Juiz de instrução, relativamente ao encerramento de um

---

[20] NUNO CASTRO LUÍS, op. cit., pág. 91.
[21] É esta solução preconizada por PATRÍCIA ALVES, op. cit., pág. 97.
[22] JORGE REIS BRAVO, «op. cit.,, p. 74.
[23] Vide, a respeito, ANTÓNIO AUGUSTO TOLDA PINTO e JORGE MANUEL ALMEIDA DOS REIS BRAVO, *Regime Geral das Infracções Tributárias e Regimes Sancionatórios Especiais Anotados*, Coimbra Editora, Coimbra, 2002 págs. 68-76.

estabelecimento de diversão noturna explorado por um ente coletivo, devido aos fortes indícios que apontavam para a prática do crime de lenocínio, previsto no art. 169º CP[24]. Posto isto, entendemos não existirem motivos que obstem à aplicação da medida de coação que prevê a suspensão de atividade aos entes coletivos. Para tanto, devido à redação do art. 199º CPP que se demonstra compatível com a lógica coletiva, é bastante o recurso à interpretação declarativa. No entanto, que se tenha em consideração que a sua aplicação carece da previsibilidade da condenação do ente em pena de dissolução, visto que em causa poderão estar direitos de extrema importância para o ente coletivo.

4. Proibição e imposição de condutas

Prevista no art. 200º CPP está a medida de coação de proibição e imposição de condutas, pretendendo assegurar as finalidades consagradas nas alíneas b) e c) do art. 204º CPP, aplicável quando o crime doloso praticado seja punível com pena de prisão de máximo superior a 3 anos.

Esta medida parece-nos de fácil compreensão, uma vez que lhe está subjacente a ideia de evitar que o comportamento típico criminoso seja continuado, impondo ao arguido determinadas condutas e proibição de outras. Entre estas inserem-se a) proibição de permanência num determinado local, b) proibição de ausência para o estrangeiro, c) proibição de ausência do local do seu domicílio; d) proibição de contacto com determinadas pessoas e frequência de certos lugares, e) proibição de aquisição ou uso de utensílios potenciadores de outro crime e f) obrigação de se sujeitar a tratamento. Nestes termos, acreditamos que, pese embora nem todas as alíneas se compatibilizem com a natureza coletiva (por exemplo, a obrigação de sujeição a tratamento e a necessidade de adaptação das medidas relativas a proibição de ausência), no geral, a medida demonstra-se compatível com a estrutura dos entes coletivos, quando arguidos em processo penal.

Assim, o ente coletivo poderá ser submetido quer à proibição de contactar com certas pessoas, quer à de adquirir ou usar certos objetos e ainda à obrigação de entrega dos que tiver na sua posse que possam conduzir à prática do crime[25].

---

[24] Caso indicado por PATRÍCIA ALVES, *op. cit.*, pág. 99. Disponível em disponível em http://www.pgdlisboa.pt > Actualidade>Pesquisa Actualidades/Assunto> Lenocínio, 19.12.2016.
[25] PAULO PINTO DE ALBUQUERQUE, *op. cit, notação/*comentário ao art.200.º do CPP.

Considerações finais

Expressámos no decurso deste estudo a nossa opinião relativamente à (in)aplicabilidade das medidas de coação previstas no regime penal português relativamente aos entes coletivos, justificando as nossas opções.

Da análise do regime processual previsto para as medidas de coação e de garantia patrimonial, facilmente se compreende que, em razão da sua pensada criação para as pessoas singulares, a sua aplicação aos entes coletivos apresenta consideráveis desafios e complexidade. Tal sucede, desde logo, devido ao facto de na sua génese, nenhuma das medidas ter sido consagrada de forma a ser possível uma aplicação literal aos casos em que o arguido é uma realidade coletiva. Por esse motivo, a aplicação possível dependerá de um esforço de interpretação extensiva que terá de ser minucioso, sob pena de o excessivo afastamento da literalidade constituir uma aplicação por analogia, proibida no seio do Direito Penal, em razão de máximas provenientes do princípio da legalidade.

Como escreveu PATRÍCIA DA SILVA ALVES, em alguns casos mais evidentes, como o do TIR, estar-se-á perante uma "esquizofrenia legislativa"[26], que prevê a sua aplicação a todo aquele que for constituído arguido, incluindo, naturalmente, também o ente coletivo que o seja, sem que o regime esteja preparado para atuar nessa circunstância.

Aliás, não fossem já consideráveis as dificuldades de adaptação do regime relativamente a algumas dessas medidas, no limite, as medidas mais gravosas, de prisão preventiva e obrigação de permanência na habitação, não permitem a sua aplicabilidade aos entes coletivos, sendo consenso generalizado que estas medidas de carácter detentivo não têm sentido e são impraticáveis quando aplicáveis a estas entidades[27].

Por quanto foi escrito se depreende o patente desfasamento, em termos processuais e especificamente no que às medidas de coação e de garantia patrimonial

---

[26] PATRÍCIA ALVES, *op. cit.*, pág. 84.
[27] CARLOS ADÉRITO TEIXEIRA, *op. cit.,,, in Revista do CEJ*, p. 159

concerne, entre a pretensão de responsabilização criminal dos entes coletivos e a regulamentação existente para o efeito.

A exposta falta de ajuste de determinadas medidas de coação à natureza de ente coletivo considerado arguido, acrescendo o receio de violação do princípio da legalidade aquando do necessário recurso à interpretação extensiva das normas onde estão previstas para que se alcance uma forma de aplicabilidade, poderá acarretar um tratamento diferenciado entre pessoas singulares e coletivas que, compreendendo-se por maioria de razão, não deve traduzir-se num benefício processual destas em detrimento daquelas. Tal situação corresponde a uma inadmissível frustração das finalidades essenciais do regime aqui abordado.

Face a isto, parece-nos recomendável que o legislador, consciente das dificuldades que implicam a aplicação destas medidas aos entes coletivos, diligencie no sentido de adaptar as regras processuais nesta matéria à natureza coletiva ou reconsidere a implementação de novas medidas que se coadunem com a mesma, criando dessa forma medidas cuja aplicação é especificamente prevista para os entes coletivos.

Bibliografia referenciada/consultada

ALBUQUERQUE, Paulo Pinto; *Comentário do Código de Processo Penal*, 2ª Edição atualizada, Universidade Católica Editora, Lisboa, 2007

ALBUQUERQUE, Paulo Pinto; *A Responsabilidade Criminal das Pessoas coletivas ou equiparadas*, Revista da Ordem dos Advogados, Ano 66, Vol. II, Setembro 2006

ALVES, Patrícia da Silva; *Aplicação das Medidas de Coação às Pessoas Coletivas*, Tese de Mestrado, Faculdade de Direito da Universidade Nova de Lisboa, Maio 2013,

ANTUNES, Maria João; A responsabilidade criminal das pessoas coletivas entre o direito penal tradicional e o novo direito penal, revista lusíada, Universidade do Porto nº 1 e 2, 2003

BELEZA, José Manuel Merêa Pizarro; *Notas sobre o Direito Penal Especial nas Sociedades Comerciais*, *in* Direito penal económico europeu: textos doutrinários, vol. II, Coimbra Editora, Coimbra, 1999

BRANDÃO, Nuno Brandão, *O Regime Sancionatório das Pessoas Coletivas na Revisão do Código Penal*, Revista do CEJ, nº8, Jornadas sobre a revisão do código penal, 2008

BRAVO, Jorge dos Reis; *Incidências Processuais na Punibilidade dos Entes Coletivos*, in *Revista do Ministério Público*, 105, Ano 27, 2006

BRITO, Teresa *Quintela de; Questões de Prova em Modelos legais de Responsabilidade Contra-ordenacional e Penal dos Entes Coletivos*, in Direito Penal: Fundamentos dogmático e político-criminais – Homenagem ao Professor Peter Hunerfelt, 1ª edição, Coimbra Editora, Julho 2013. (Pág. 1209 – 1264)

BRITO, Teresa Quintela de; *Responsabilidade Penal das Pessoas Jurídicas e Equiparadas: Algumas pistas para articulação da responsabilidade individual e coletiva,*
Separata, Estudos em Honra ao Professor Doutor José de Oliveira Ascensão, Vol. II, Almedina, 2008

BRITO, Teresa Quintela de; *Responsabilidade Criminal de Entes Coletivos: Algumas !uestões em Torno da Interpretação do artigo 11° do Código Penal,* in Revista Portuguesa de Ciência criminal, Ano 20, n°1, Janeiro-Março, Coimbra Editora, 2010

BRITO, Teresa Quintela de, *Domínio da Organização para a execução do Facto: Responsabilidade de Entes Coletivos, dos Seus Dirigentes e "Atuação em Lugar de Outrem",* Vol. I, Tese de Doutoramento, FDUL, 2012

DIAS, Figueiredo; *Direito Penal Tomo I – Questões fundamentais, A Doutrina Geral do Crime,* 2ª Edição, Coimbra Editora, Coimbra, 2007

DIAS, Figueiredo; *Temas Básicos da Doutrina Penal,* Coimbra Editora, Coimbra, 2001

GODINHO, Inês Fernandes; *Pessoas Coletivas e Processo Penal: Alguns apontamentos de uma tentativa impossível,* in *GALILEU,* in *GALILEU,* Revista de Economia e Direito, Vo. XII, n°2, 2007/XIII, n.°1, 2008

GONÇALVES, Fernando / ALVES, Manuel João; *As Medidas de Coação no Processo Penal Português,* Edições Almedina, Coimbra, 2011

MIRANDA, Jorge / MEDEIROS, Rui; *Constituição da República Portuguesa Anotada,* Tomo I, Coimbra Editora, Coimbra, 2005

PINTO, António Augusto Tolda / BRAVO, Jorge Manual Almeida Reis; *Regime Geral das Infracções Tributárias e Regimes Sancionatórios Especiais Anotados*, Coimbra Editora, Coimbra, 2002

PINTO, Frederico Costa; *A Responsabilidade Criminal das Pessoas Coletivas*, in *Jornal Tribuna*, nº 24, 2009

QUELHAS, Filipa Marta Figueiroa; O Advento da Responsabilidade Penal das Pessoas Coletivas no Direito Penal de Justiça, à luz da Reforma do artigo 11º do Código Penal Português (contributo para uma leitura compreensiva dos critérios de imputação jurídicopenal), Tese de Mestrado, 2008

REMÉDIO, Alberto Esteve; *Sobre a Responsabilidade Criminal das Pessoas coletivas*, Revista do Ministério Público, Ano 14, Nº 53, Janeiro-Março 1993.

SERRA, Teresa / FERNÁNDEZ, Pedro; *A Exclusão de Responsabilidade Criminal das Entidades Públicas – Da Inconstitucionalidade dos nºs 2 e 3 do art. 11º do Código Penal*, in *Estudos em Homenagem ao Prof. Doutor Sérvulo Correia*, Vol. IV, Coimbra Editora, Setembro 2010

SILVA, Germano Marques da; *Responsabilidade Penal das Sociedades, Administradores e seus Representantes*, Editorial Verbo, Lisboa/São Paulo, 2009

TEIXEIRA, Carlos Aderito; *A Pessoa Coletiva como Sujeito Processual, in Revista do CEJ, nº8, 2008*

www.ingramcontent.com/pod-product-compliance
Lightning Source LLC
Chambersburg PA
CBHW081025170526
45158CB00010B/3162